AMO LAVARMI I DENTI

Shelley Admont
Immagini a cura di Sonal Goyal e Sumit Sakhuja

www.kidkiddos.com
Copyright©2015 by S. A. Publishing ©2017 by KidKiddos Books Ltd.
support@kidkiddos.com

All rights reserved. No part of this book may be reproduced in any form or by any electronic or mechanical means, including information storage and retrieval systems, without written permission from the publisher or author, except in the case of a reviewer, who may quote brief passages embodied in critical articles or in a review.

Tutti i diritti sono riservati. Nessuna parte di questa pubblicazione può essere riprodotta, memorizzata in sistemi di recupero o trasmessa in qualsiasi forma o attraverso qualsiasi mezzo elettronico, meccanico, mediante fotocopiatura, registrazione o altro, senza l'autorizzazione del possessore del copyright.

First edition, 2015

Traduzione dall'inglese a cura di Annalisa Langone

Library and Archives Canada Cataloguing in Publication
I Love to Brush My Teeth (Italian Edition)/ Shelley Admont
ISBN: 978-1-926432-90-8 paperback
ISBN: 978-1-77268-428-5 hardcover
ISBN: 978-1-926432-89-2 eBook

Although the author and the publisher have made every effort to ensure the accuracy and completeness of information contained in this book, we assume no responsibility for errors, inaccuracies, omission, inconsistency, or consequences from such information.

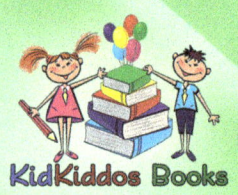

Per quelli che amo di più-S.A.

Era mattino e il sole splendeva nella lontana foresta. Lì, in una piccola casetta, insieme ai suoi genitori e ai suoi due fratelli più grandi, viveva il coniglietto Jimmy.

La mamma entrò nella cameretta di Jimmy e dei suoi fratelli.

Prima diede un bacio al più grande, che dormiva serenamente nel suo letto blu. Poi diede un bacio all'altro fratello, che ancora dormiva nel suo letto verde.

Infine, la mamma andò verso il letto arancione di Jimmy e gli diede un bacio.

"Buongiorno, piccoli", disse la mamma. "È ora di alzarsi."

Il fratello più grande saltò giù dal letto e si diresse verso il bagno.

"Wow!", gridò, "Ho uno spazzolino nuovo di zecca! È blu, il mio colore preferito. Grazie, mamma". Iniziò a lavarsi i denti.

L'altro fratello lo seguì. "Anch'io ho uno spazzolino nuovo, e il mio è verde!", esclamò e inizio anche lui a lavarsi i denti.

Jimmy saltò giù dal letto e si diresse lentamente verso il bagno. *Perché devo lavarmi i denti?* pensò. I miei denti vanno bene così come sono.

"Guarda Jimmy", disse il fratello più grande, "anche tu hai uno spazzolino nuovo. È arancione come il tuo letto."

"Così anche io ho uno spazzolino nuovo, che bello!". Jimmy rimase di fronte allo specchio senza iniziare ancora a lavarsi i denti.

"Bambini, fate presto! La colazione è quasi pronta", udirono la voce delicata della loro mamma. "Avete finito tutti di lavare i denti?"

"Io ho finito", rispose il fratello più grande e corse fuori dal bagno.

"Anch'io", replicò l'altro fratello. Corse come il fratello verso la cucina.

"Mamma, anch'io ho finito di lavare i denti", urlò Jimmy. Stava per uscire dal bagno, quando udì una voce.

"Non è bello dire le bugie", disse la voce. "Tu non hai lavato i denti."

"Chi l'ha detto?", chiese Jimmy guardandosi intorno.

"Da questa parte", rispose.

Era il suo nuovo spazzolino arancione, imbronciato, sul lavandino. Non credeva ai suoi occhi...o alle sue orecchie!

"Uno spazzolino non può parlare", disse sbalordito.

"Io posso. Sono uno spazzolino magico", disse con orgoglio lo spazzolino. "Il mio lavoro è quello di assicurare che **TUTTI** si lavino i denti".

Jimmy si mise a ridere. "Non ho lavato i denti e non mi è successo nulla di brutto."

"Guardati", disse lo spazzolino. "I tuoi denti sono gialli e il tuo alito è terribile."

"Non è vero, spazzolino. Stai solo inventando!" Jimmy prese lo spazzolino e lo buttò via in un angolo del bagno.

Poi corse in cucina per la colazione.

"Non c'è bisogno di trattarmi in questo modo", urlò lo spazzolino. "Sono uno spazzolino magico e ti farò vedere quanto sono importante!".

Jimmy era ormai già seduto in cucina vicino ai suoi fratelli.

Prese un panino e lo avvicinò alla bocca, ma a questo punto il panino saltò fuori dalle mani di Jimmy e finì nel piatto del fratello più grande.

Invece di mordere il panino, Jimmy si morse le dita — con forza!

"Di chi è questo panino?", chiese il fratello più grande.

"Il mio panino è scappato via da me", rispose Jimmy. "È mio!"

"Quanta immaginazione hai, tesoro. Come può scappare via un panino?", disse la mamma.

"Non lo so come, ma è esattamente quello che è successo", disse Jimmy.

A questo punto la mamma gli diede un bel piatto pieno di insalata e disse: "Ecco, potresti mangiare un delizioso piatto di insalata di verdure".

"Buonissimo, adoro l'insalata di verdure", disse Jimmy, in procinto di iniziare a mangiare. Improvvisamente l'insalata fece un salto e si posizionò sul tavolo, vicino all'altro fratello.

"Guarda", disse il fratello, "come ha fatto il tuo piatto ad arrivare qui?"

"Avevi ragione, tesoro! Il tuo cibo si allontana da te!", disse sbalordita la mamma. "È molto strano."

"Mamma, ho fame. Cosa posso mangiare?", disse Jimmy.

La mamma ci pensò un attimo. "Che cosa ne pensi della tua torta di carote preferita? Te ne darò una bella fetta."

"Sì, torta di carote! La adoro", Jimmy urlò di gioia, "Grazie, mamma."

Sennonché, prima che Jimmy potesse prendere la torta, quest'ultima iniziò a svolazzare nell'aria.

Jimmy saltò giù dalla sedia e iniziò a rincorrere il pezzo di torta.

Saltò sul divano, ma la torta sfrecciò di nuovo sul tavolo. Jimmy corse verso il tavolo e la torta volò fuori dalla casa. Jimmy le corse dietro.

La torta girava intorno alla casa, mentre Jimmy non riusciva a starle dietro. Ancora un giro, un altro, un altro ancora e Jimmy continuava a seguirla.

Jimmy corse fino a quando rimase senza fiato. Stanco, si sedette davanti alla porta di casa e iniziò a piangere.

Nello stesso momento, passavano di lì due suoi amici: "Ciao, Jimmy! Perché stai seduto lì e sei così triste? Vieni a giocare con noi".

"Si, vengo!", Jimmy corse verso di loro. "Non crederete cosa mi è successo oggi!"

Ma, come aprì la bocca, gli amici urlarono:

"Accidenti, che puzza! Noi andiamo a giocare da un'altra parte mentre tu vai a lavarti i denti!". Così corsero via.

Jimmy scoppiò ancora una volta in lacrime ed entrò in casa.

Andò nel bagno e vide lo spazzolino magico che svolazzava nell'aria facendogli un bel sorriso.

"Ciao, Jimmy. Ti stavo aspettando. Adesso vuoi lavarti i denti?", Jimmy annuì con la testa.

Jimmy iniziò a lavarsi i denti, da una parte all'altra, dall'alto verso il basso, dentro e fuori.

Li spazzolò fino a farli diventare bianchi e splendenti.

Guardandosi allo specchio con orgoglio, Jimmy disse: "Grazie, spazzolino. È stato bello e piacevole lavarmi i denti. Adesso ho anche un alito profumato".

"Sei fantastico", disse lo spazzolino. "Ad ogni modo, mi chiamo Leah. Sono sempre qui ad aiutarti."

E così Jimmy e Leah diventarono amici. Da quel giorno, si vedono sempre due volte al giorno per proteggere i denti di Jimmy e aiutarli a crescere sani e robusti.

www.ingramcontent.com/pod-product-compliance
Lightning Source LLC
LaVergne TN
LVHW071959060526
838200LV00010B/236